Arena-Taschenbuch
Band 51060

Friederun Reichenstetter
studierte Sprachen in München, Straßburg und London. Danach arbeitete sie für verschiedene internationale Organisationen im In- und Ausland. Seit vielen Jahren ist sie freiberufliche Autorin und schreibt Kinder- und Jugendbücher. Sie lebt mit ihrem Mann in München.

Hans-Günther Döring,
geboren 1962, hat nach seiner Ausbildung als Schauwerbegestalter Grafik-Design und Illustration in Hamburg studiert. Er lebt mit seiner Familie, Hund, Hasen, Hühnern und ganz viel Garten vor den Toren Hamburgs. Seit 1991 illustriert er Kinderbücher.

MIX
Papier aus verantwor-
tungsvollen Quellen
FSC® C110508

1. Auflage im Arena-Taschenbuch 2018
© für die Einzeltitel: *Wie kleine Igel groß werden*, Arena Verlag GmbH, Würzburg 2006
Die kleine Meise und ihre Freunde, Arena Verlag GmbH, Würzburg 2008
So leben die kleinen Eichhörnchen, Arena Verlag GmbH, Würzburg 2008
Texte: Friederun Reichenstetter
Einband und Illustrationen: Hans-Günther Döring
Umschlagtypografie: KCS GmbH · Verlagsservice &
Medienproduktion, Stelle / Hamburg
Gesamtherstellung: Westermann Druck Zwickau GmbH
ISSN 0518-4002
ISBN 978-3-401-51060-6

Besuche uns unter:
www.arena-verlag.de
www.twitter.com/arenaverlag
www.facebook.com/arenaverlagfans

Wie kleine Igel groß werden

und andere Tierkinder-Abenteuer

Die schönsten Sachgeschichten
für das ganze Jahr

Erzählt von Friederun Reichenstetter
Mit Bildern von Hans-Günther Döring

Arena

Inhaltsverzeichnis

Wie kleine Igel
groß werden

Aufgewacht!

Endlich scheint die Sonne wieder. Endlich schmilzt der Schnee. Jetzt wird es unter der Haselnusshecke lebendig. Zwischen den alten, vertrockneten Blättern raschelt und raschelt es.
WAS DAS WOHL IST?

Eine Schnauze taucht auf
mit einer kleinen schwarzen Nasenspitze,
dann zwei schwarze, runde Augen, zwei kleine, behaarte Ohren,
ein Rücken mit Stachelkleid und schließlich vier dünne Beine.
WER WOHNT DENN DA?
EINE IGELFRAU!

Was frisst ein Igel?

Am liebsten verspeist er

Käfer,

Tausendfüßer,

Spinnen,

Schmetterlingsraupen,

Regenwürmer,

und Schnecken.

Obst mag er nicht so gern.

Guten Appetit!

Oh, ist die Igelfrau aber dünn! Und hungrig ist sie!
Den ganzen Winter hat sie geschlafen und fast nichts
gefressen. Kein Wunder, dass ihr Bauch leer ist.
Mit einem so leeren Bauch ist jeder Schritt mühsam.
Gegen Hunger hilft nur eines, das weiß die Igelfrau:
Nase auf den Boden und schnüffeln. Irgendwo muss
ja etwas Essbares herumkrabbeln.
Genau! Schon sieht sie einen fetten Regenwurm.
OB DER SCHMECKT?
UND WIE!

Für die Igelfrau ist der Regenwurm ein Leckerbissen.
Sie schmatzt vor Appetit. Jetzt geht es ihr wieder
richtig gut. Flink läuft sie weiter.
WOHIN WOHL?
AUF DIE WIESE HINTER DER HECKE.

Wer schleicht durch die Nacht?

Am Himmel glitzern und blinken tausend Sterne,
und der Mond scheint zu lächeln.
Was für eine wunderbare Nacht! Viel zu schade
zum Schlafen. Die Igelfrau macht sich auf den Weg.
Auch die Kröte wandert umher, und die Frösche
quaken in der sumpfigen Wiese.
Aber noch jemand schleicht durchs Gebüsch! Gerade rechtzeitig
sieht die Igelfrau große Augen leuchten.
WER HAT NUR SOLCHE AUGEN?
DER FUCHS!

Blitzschnell rollt sich die Igelfrau zusammen. Wie ein runder Stachelball sieht sie jetzt aus. In ihren weichen Bauch, auf dem kein Stachelkleid wächst, kann der Fuchs nun nicht mehr beißen.
WIRKLICH NICHT?
NEIN!

Umsonst stupst der Fuchs die stachlige Kugel immer wieder mit seiner Pfote an.
Aber die rollt einfach nur hin und her, her und hin.
UND DANN? DER FUCHS SCHLEICHT SICH DAVON
PECH GEHABT!

Wen trifft der Igel in der Nacht?

Der Igel ist ein Nachttier. In der Abenddämmerung begibt er sich auf Futtersuche. Auch viele andere Tiere sind in der Nacht unterwegs, um zu fressen:

die Kröte,

die Spitzmaus,

die Eule,

das Wildschwein und der Fuchs!

Vor dem muss sich der Igel in Acht nehmen.

Wer zwitschert in der Hecke?

Viele Singvögel halten sich gern in der Hecke auf:

die Amsel,

die Meise,

die Drossel,

der Stieglitz,

und das Rotkehlchen.
Jede Vogelart hat ihren eigenen Gesang, an dem man sie erkennt.

Der Tag beginnt

Am Morgen kehrt die Igelfrau müde zu ihrem Schlafplatz unter der Hecke zurück. War das eine aufregende Nacht! Jetzt will sie sich ausruhen. Sie zieht ihre Beine unter den Bauch. Das ist gemütlich. Und schon ist sie eingeschlafen. Auch die Eule schläft in der Baumhöhle, und Fuchs und Dachs schlummern in ihrem Bau.
SCHLÄFT NUN JEDER IM WALD?
NEIN! BESTIMMT NICHT!

Wenn die ersten Sonnenstrahlen über den Himmel wandern, wachen viele Tiere auf. Die Vögel zwitschern laut in den Ästen. Der Feldhase hoppelt noch über die Wiese, bevor er sich zwischen den Büschen versteckt. Und das Eichhörnchen flitzt den Stamm hinunter und wieder hinauf.
STÖRT DAS GEZWITSCHER DIE IGELFRAU? KAUM! SIE SCHLÄFT TIEF UND FEST.

15

Ein Igel wollte Hochzeit machen

Von Tag zu Tag wird es wärmer, denn
bald kommt der Sommer.
Die Heckenrosen blühen schon, und
nachts fliegen die Glühwürmchen umher.
Wie ein kleines Feuerwerk sieht das aus.
Aus dem dünnen Igelchen ist eine
kugelrunde Igelfrau geworden.
Zufrieden und satt spaziert sie durch
die Hecke und über die Wiese
bis zum Waldrand.

WARUM BIS ZUM WALDRAND?
WEIL ES DORT EIN HAUS MIT
EINEM SCHÖNEN GARTEN GIBT.

16

In dem Garten findet die Igelfrau besonders dicke Käfer
und leckere Würmer. Noch mehr als unter der Hecke.
Eines Nachmittags aber hört die Igelfrau in diesem Garten
ein lautes Rascheln, Schmatzen und Schnaufen. Sie spitzt die Ohren.
Sie streckt ihre kleine schwarze Nase in die Luft.
NANU? IST DA JEMAND?
JA, EIN IGELMANN!

Willkommen, ihr Igelkinder!

Wie schön, dass die Igelfrau den Igelmann getroffen hat!
Jetzt erwartet sie kleine Igelkinder. Die trägt sie in ihrem Bauch.
Eines Tages kommen sie zur Welt – mitten im Sommer.
WIE VIELE IGELKINDER SIND ES DENN?
VIER KLITZEKLEINE IGELCHEN!

Man sieht sie kaum, so klein sind sie.
Jedes ist nur so groß
wie ein Daumennagel.

Wie wachsen die Igelkinder heran?

Wenn die Igelchen auf die Welt kommen, sind sie winzig klein und wiegen fast gar nichts. Ihre Augen und Ohren sind noch zu. Dafür haben sie aber schon auf ihrem Rücken ungefähr hundert weiße, seidenweiche Stacheln.

Noch können sie nicht hören, nicht sehen, nicht laufen.
Aber weiße Stacheln haben sie schon – ganz zarte.
Gegen Feinde können sich die Igelkinder noch nicht wehren.
Deshalb beschützt sie ihre Mutter.
Trotzdem muss sie ihre Kinder manchmal allein lassen.
Sie selbst braucht ja auch etwas zum Fressen.
UND WAS FRESSEN DIE KLEINEN?
DIE BEKOMMEN MILCH VON DER MUTTER.

Nach zwei Wochen beginnen die kleinen Igel, zu sehen und zu hören. Und bald danach bekommen sie auch schon ihre Zähne.

Igelkind, pass auf!

Die Igelkinder wachsen schnell. Ihre Stacheln werden fester und piksen schon.
Ihre Nasen werden länger. Ihre Augen sind blank und munter.
Aufmerksam spitzen sie die Ohren. Und das Laufen gelingt jeden Tag besser.
Jetzt will eines der Kleinen ein Abenteuer erleben. Unbedingt!
Hast du's gesehen? Gerade spaziert
es durch die Hecke
davon.

WOHIN GEHT ES NUR?
ZUR GROSSEN WIESE.

Gleich hinter der Wiese führt die Straße entlang.
Mit lautem Getöse kommt etwas riesig Gefährliches
angebraust.

OJE, WAS IST DAS?
EIN AUTO.
Der größte Feind der Igel.
Die Bremsen quietschen, der Wagen steht.
Was für ein Glück!
Erschrocken flüchtet der kleine Igel –
heim zur Mama und zu den Geschwistern.

HALLO, WO SEID IHR?
HIER! SCHAU HIER!
Die Igelmutter sucht ihren Kleinen schon.
Jetzt hat sie ihn gefunden.

Auch Igelkinder müssen lernen

Drei Wochen sind die kleinen Igel auf der Welt. Jetzt haben sie alle schon
spitze Zähne und können ordentlich zubeißen. Es wird höchste Zeit, dass die
Igelmutter ihnen zeigt, was sie alles erschnuppern und fressen können.
Denn Milch gibt es jetzt kaum mehr. Von ihrer Mutter lernen die kleinen Igel,
wo sie Wasser zum Trinken finden und wie man seine Nahrung sucht.
Ganz schön schwierig ist das!
WERDEN DIE KLEINEN IGEL SATT?
PAPPSATT!

Sie entdecken immer neue Leckerbissen.
Und sie lernen auch, wer oder was gefährlich für sie ist. Wenn die
großen Raubvögel über den Himmel segeln, müssen sie sich sofort verstecken.
Denn die stürzen sich blitzschnell auf ihre Beute.

HOLT DER RAUBVOGEL SICH EIN IGELKIND?
NEIN! HUSCH – SIND SIE ALLE WEG.

Die Igelmutter hat ihre Kinder rechtzeitig
unter die Hecke gescheucht.

Wer ist der Feind des Igels?

Manche Tiere machen Jagd auf den Igel, denn er dient ihnen als Nahrung.

Aus der Luft stürzen Raubvögel herab:

der Uhu und

der Habicht.

Auch am Boden lauert Gefahr:

Der Fuchs,

der Dachs
und der Marder
sind hinter dem Igel her.

Schnell muss er sich
in Sicherheit bringen.

Der Herbst ist da

Langsam wird es Herbst. Schau, wie sich die Blätter der Bäume
verfärbt haben. Sie leuchten in den schönsten Farben:
Rot, Orange und Gelb. Jetzt finden die Igelkinder ihre Nahrung
ganz allein. Drei von den Geschwistern sind groß und kräftig
geworden. Nur eines ist ziemlich dünn und klein.
WO IST ES NUR?

DORT BEI DER HECKE!
Da sucht es nach Futter. Wie die anderen auch.

Zeit für den Winterspeck

Nun kommen die Igelkinder allein zurecht, und
die Igelmutter kann wieder mehr für sich selbst sorgen.
Denn auch sie muss sich für den Winter ordentlich Speck anfressen.
Da heißt es futtern, futtern, futtern – soviel in den Bauch passt.
MACHT SIE DAS AUCH?
BESTIMMT!
In einem sicheren Versteck wird sie dann
den Winter über schlafen.

Leise rieselt der Schnee

Leicht wie Federn schweben die ersten Schneeflocken vom Himmel herab.
Bald wird der Boden gefroren sein.
Nun müssen die Igel aber schnell ihr
Winterquartier aufsuchen.
HABEN SCHON ALLE EINES GEFUNDEN?
ALLE BIS AUF EINEN.

Die Igelmutter ist wieder unter
der Hecke verschwunden,
wo sie schon den letzten Winter verbrachte.
Dort sind auch ihre Jungen zur Welt gekommen.

UND WO SIND IHRE KINDER?

Zwei haben sich einen warmen
Platz in einem Blätterhaufen
gesucht, ein anderes hat es sich
unter Steinen gemütlich gemacht.

Winterschläfer sind:

die Haselmaus und

der Hamster.

Das kleinste Igelchen hat noch kein Winterquartier gefunden.
Es sucht die ganze Zeit nach Futter.
Aber es gibt nichts mehr. Käfer, Würmer und Schnecken
haben sich schon alle versteckt.

Die Schlange,

die Kröte

Die Käfer sitzen hinter Baumrinde,
zwischen Holzstößen und
in Erdlöchern, die Würmer
haben sich tief unter der Erde
vergraben, die Schnecken
überwintern im Laub.
WAS NUN?
Für den langen Winterschlaf
ist das Igelchen noch zu klein
und zu dünn.

und die Eidechse
fallen in Winterstarre.

Gerettet!

Der Nordwind pfeift über die Wiesen und Äcker und reißt die letzten Blätter
von den Hecken und Bäumen. Ist das kalt und ungemütlich! Das kleinste Igelkind
läuft zu dem Garten, in dem es immer so viel zu fressen gefunden hat.

HILFE! HILFE!

DA KOMMT JEMAND AUS DEM HAUS.

Es ist ein Mann. Er schaut in den Himmel hinauf. Dann auf die Erde.
SIEHT ER DEN IGEL?
JA, ER BÜCKT SICH.

Dann holt er einen Korb und Handschuhe,
weil die Igelstacheln ziemlich piksen.

Er hebt den Igel hoch und setzt ihn in den Korb.
Schnell ruft er beim Tierarzt an.
Der kennt eine Adresse, wo Igel überwintern können
und auch das richtige Futter bekommen.
So, wie sie es brauchen.

Zauberhafte Winterstille

Eine dicke, kalte Schneedecke hat sich auf Wiesen und Äcker gelegt.
Aber unter der Erde ist es warm und gemütlich. Gut geschützt unter ihrer
Hecke, hält die Igelfrau ihren Winterschlaf. Erst wenn die Schneeglöckchen
sprießen und die Krokusse blühen, wacht sie wieder auf.

HALLO, liebe Igelfreundin, lieber Igelfreund,

jetzt weißt du ja schon, wo die Igel ihren Winterschlaf halten, was sie fressen und wer den Igeln gefährlich werden kann. Und du hast erfahren, wie die jungen Igelchen von ihrer Mama aufgezogen werden. Aber das ist nicht alles. Über den Igel gibt es noch viel mehr zu erzählen. Der Igel gehört zu den ältesten Tieren der Welt. Ihn gab es schon vor fünfzehn Millionen Jahren. Es gibt ihn also länger als uns Menschen.

Igel haben 5 000 bis 7 000 Stacheln.

Hast du schon einmal die Stacheln auf einem Igelrücken gezählt? Bestimmt nicht, denn ein Igel hat fünftausend bis siebentausend Stacheln. Das sind ganz schön viele! Es gibt auch noch andere Tiere, die ein Stachelkleid tragen, zum Beispiel die Stachelschweine. Aber die sind nicht mit dem Igel verwandt. Seine nächsten Verwandten sind Spitzmaus und Maulwurf, die wie er Insekten fressen.

Spitzmaus

Igel

Maulwurf

Rate mal, wie groß ausgewachsene Igel werden? Fünfundzwanzig bis dreißig Zentimeter. Ungefähr dreimal so groß wie deine Handfläche.

Igel werden 25 cm bis 30 cm groß.

Weißt du auch, dass Igel einen Schwanz haben? Allerdings einen ganz kleinen. Der ist nur zwei bis drei Zentimeter lang.

Igel haben einen Schwanz.

Igel haben auch Barthaare. Damit können sie sich, ähnlich wie die Katzen, in der Dunkelheit gut zurechtfinden. Und auf seine empfindliche Nase und seine Ohren kann sich der Igel zum Glück auch verlassen. Er hört und riecht hervorragend! Darum können Igel ohne Schwierigkeiten nachts jagen.

Igel haben Barthaare.

Stachelschwein

Igel gehören zu den wenigen Lebewesen auf unserer Welt, die wie die Menschen auf der ganzen Sohle laufen, nicht nur auf den Zehenspitzen und Fingerspitzen wie die meisten anderen Tiere.

Igel haben 36 Zähne.

Die Igel haben 36 spitze Zähne, mehr Zähne als wir Menschen.
Wir müssen uns mit 32 zufrieden geben.

Igel mögen Gärten, in denen es Sträucher und Bäume gibt. Allerdings muss man für sie einen Durchschlupf im Zaun lassen, damit sie hinein- und auch wieder herauskönnen. Vor allem Igelmännchen wandern während der Partnersuche viel durch die Gegend.

Was man einem Igel gar nicht zutraut: Er kann schwimmen. Sogar recht gut, wenn auch ungern. Er schwimmt nur, wenn er muss.

Igel können schwimmen.

Igel halten Winterschlaf.

Für den Winter brauchen die Igel einen regensicheren Unterschlupf (zum Beispiel einen Holzstoß, kleine Höhlen unter Steinen oder große Reisighaufen). Ein kleiner Haufen aus vertrockneten Blättern reicht nicht aus. Es gibt sogar Igelhäuser zu kaufen.

Du weißt ja, dass manche Igel krank werden oder zu klein sind, um den ganzen Winter ohne Fressen auszukommen. Dann brauchen sie Hilfe. Am besten erkundigt man sich beim Tierarzt, beim Tierschutzverein oder beim Tierheim. Auch Igelberatungsstellen geben Auskunft. Oder man wendet sich an den Verein

Pro Igel e.V.
Lilienweg 22
D 24536 Neumünster
Tel. 04321/31856
Fax: 04321/939479

Dort kann man euch sagen, wo in eurer Nähe eine Station für kleine und kranke Igel ist. Igel selbst aufzuziehen ist schwierig. Das sollte man lieber nicht probieren.

Die kleine Meise und ihre Freunde

Wer singt ein Liebeslied?

Manche Vögel locken die Weibchen mit ihrem Gesang oder zarten Lockrufen an:

die Amsel,

die Drossel,

der Star,

der Buchfink.

Auch Vögel wollen Hochzeit machen

Es ist früh am Morgen, ganz früh.
Leon und Paula schlafen noch.
»Tock, tock!«, macht es da. »Tock, tock!«
Leon wacht auf. Paula gähnt.
WER HÄMMERT DA?

EIN SPECHT!
OB DER SEIN FRÜHSTÜCK SUCHT?
Käfer, Larven und Ameisen frisst er gern.

»Nein!«, erklärt Mama. »Er sucht eine Frau!
Deshalb klopft der Specht im Frühjahr
an Antennen oder morschen Ästen herum.

Andere Vögel singen, um
Vogelweibchen anzulocken.
Die Lerchen steigen senkrecht
in die Luft, bleiben oben stehen
und tirilieren.
Störche klappern mit ihren
langen Schnäbeln,
die Tauben gurren . . .«
»Und der Kuckuck ruft kuckuck«,
sagt Leon.

Taube

41

Welcher Vogel baut welches Nest?

Meisen nisten in Kästen und in Nestern aus Moos, Federn und Haaren.

Spechte hacken sich Baumhöhlen.

Manche Spatzen bauen sich Kugelnester aus Halmen, Papierstückchen und Federn.

Schwalben vermischen Schlamm mit Spucke und kleben ihre Nester Stück für Stück an Mauern fest.

Hört, ich bin es, die Meise!

Das Kohlmeisenmännchen dort auf dem Meisenkobel zwitschert und zwitschert, laut und lauter.

Die Meisenfrau kommt mit einem Grashalm angeflogen und huscht ins Häuschen.

WARUM ZWITSCHERT DAS MÄNNCHEN SO LAUT?, überlegt Leon. Er spielt im Garten mit seinem Ball.

ES HAT DOCH SCHON EINE FRAU GEFUNDEN!

»Das Meisenmännchen«, sagt Papa, »muss etwas
Wichtiges mitteilen: ›Alle Meisen herhören!
Dieses Meisenhaus gehört uns!
Bitte sucht euch woanders einen Platz.
Denn sonst reicht das Futter nicht für alle Vogelkinder.
Vögel, die andere Insekten fressen, dürfen bleiben.‹«
»Amseln und Drosseln fressen ja auch Raupen,
Schnecken und dicke Regenwürmer«,
weiß Leon. »Meisen nicht.«

Amsel

Die Stare sind zurück

Viele, viele Stare sitzen auf der Stromleitung im Stadtpark.
Sie sind zurückgekehrt aus ihrem warmen Winterquartier.
Oh, machen die ein Geschrei!
WIE HABEN SIE ZURÜCKGEFUNDEN?
WER HAT IHNEN DEN WEG GEZEIGT?

Leon und Paula möchten wissen, was sie sich erzählen. Vielleicht eine Geschichte von Bergen und Meeren, von Wüsten und Kamelen? All das haben sie auf ihrem Flug gesehen.

»Wir Menschen wissen wenig von dem, was sich Vögel erzählen«, sagt Papa. »Und wie sie ihren Weg finden, wissen wir auch nicht genau. Vielleicht helfen ihnen der Mond und die Sonne oder eine Art Kompass in ihrem Kopf. Aber einiges wissen wir doch, nämlich wo sie Sommer und Winter verbringen.« Manche Zugvögel wie Mauersegler, Drosseln, Störche und Kuckucke überwintern in Afrika, die Stare im südlichen und westlichen Europa und in Nordafrika. Viele Stare bleiben sogar inzwischen bei uns.

Welche Vögel bleiben im Winter bei uns?

Spechte,

Meisen,

Finken,

Amseln,

Elstern.

Welche Vögel sind den Mauerseglern ähnlich?

Auch Schwalben verbringen die meiste Zeit in der Luft und suchen sich dort Nahrung.

Wie die Mauersegler fliegen Schwalben gern in Gruppen und wohnen eng beieinander.

Trotzdem finden sie genug Futter für ihre Jungen, weil sie weit fliegen können.

Mauersegler – schneller als der Wind

Wer jagt da über den Himmel? Die Mauersegler.
Einer, zwei, drei . . . nein viele! Mit schrillem »Srih, Srih«
steigen sie hoch in die Luft und immer höher.
Paula und Leon sehen ihnen nach.
WIE SCHNELL FLIEGT IHR WOHL?
SCHNELLER ALS EIN STURM?

»Die Mauersegler fliegen schnell wie ein ICE
bis zu 200 Kilometer in der Stunde«, erklärt Mama.
»Und obwohl sie oben am Himmel plötzlich ihre
Richtung ändern können, stoßen sie nie zusammen.
Das sind echte Akrobaten, die sogar im Fliegen schlafen.
Dafür laufen sie schlecht und ungern.«

»Wo finden sie dann die Sachen für ihre Nester«, fragt Paula,
»wenn sie nie auf einem Baum oder am Boden sitzen?«
»Sie fangen Dinge, die in der Luft schweben«, antwortet Mama.
»Samen, Gräser und kleine Federn.«

Was schmeckt jungen Vögeln?

Würmer,

Raupen,

Ameisen,

Schmetterlinge,

Baumwanzen,

Käfer,

Schnecken,

Spinnen.

Die kleine Amsel mit dem Riesenhunger

Die Amseln haben am Haus im Wilden Wein
ein Nest gebaut. Fünf Eier hat die Amselfrau
hineingelegt. Jetzt sind die Jungen ausgeschlüpft
und sperren ihre Schnäbel auf – den ganzen Tag.
Leon und Paula können die Jungen vom Fenster
aus beobachten.

WERDET IHR PIEPMÄTZE NIEMALS SATT?
EURE ELTERN BRINGEN EUCH
DOCH STÄNDIG FUTTER.

»Bis die Vogeljungen ihr Futter selbst suchen können,
haben die Eltern viel zu tun«, erklärt Mama.
»Zwei bis vier Wochen lang! Meiseneltern fliegen
zum Füttern tatsächlich fünfhundert Mal am Tag
hin und her. Wenn ein Vogelpaar einen kleinen
Kuckuck im Nest hat, ist es am schlimmsten.
Denn der wird niemals satt!«

**Kuckuck
mit Teich-
rohrsänger**

Alles klar zum Fliegen, Gartenrotschwanz!

Die kleinen Gartenrotschwänze sind schon sechzehn Tage alt.
Alt genug, um fliegen zu lernen! »Flügge sein«, heißt das,
wenn sie es dann können.
»Ich glaube, sie haben davor ein bisschen Angst!«, meint Paula.
STIMMT DAS?
VIELLEICHT. ABER FLIEGEN LERNEN SIE ALLE!

»Manche Vogeljungen müssen erst eine Weile üben,
bis sie richtig fliegen können. Junge Amseln, Drosseln
und Gartenrotschwänze verstecken sich deshalb noch
ein paar Tage am Boden. Dort werden sie von ihren
Eltern gefüttert«, erklärt Papa.

**Männlicher
Gartenrotschwanz**

»Meisen und Spechte
bleiben auf Zweigen sitzen und lassen sich versorgen.«
Mauersegler und Schwalben aber –
die fliegen einfach los.

Junge Blaumeisen

Welche Feinde lauern?

Katzen haben es auf
junge Vögel abgesehen . . .

. . . auch der Marder.

Aus der
Luft stürzen
Raubvögel
herab: zum Beispiel
der Habicht.

Aber auch Krähen werden
den Jungen gefährlich!

Der Graureiher fischt gern an seichten Ufern.

Der Kiebitz trägt einen prächtigen Federschopf.

Die Zwergrohrdommel gibt quäkende Laute von sich.

Da klappert der Storch

»Ein Storch! Ein Storch!«, ruft Paula
und zeigt aus dem Autofenster. Tatsächlich!
Langbeinig stolziert der große Vogel
über die feuchte Wiese.
WAS HÄLT ER IN SEINEM
SPITZEN ROTEN SCHNABEL?
EINEN FROSCH!

Der Storch schlägt mit den Flügeln und erhebt sich.
»Mittagessen für die Jungen«, sagt Leon.
»Guten Appetit!«

Mama weiß viel über Störche.
»Der Storch ist einer unserer größten Vögel«, erzählt sie.
»Darum braucht er auch ein großes Nest.
Manchmal nistet er auf Gebäuden, auf Schornsteinen,
Telefonmasten oder einfach auf Bäumen.«

»Am liebsten fressen die Störche Frösche, Mäuse,
kleine Wasserschlangen und fette Libellen –
alles, was es auf sumpfigen Wiesen gibt.
Störenfriede vertreiben die Störche
mit lautem Klappern und Zischen.«

Störche beim Klappern

Entenkonzert am Weiher

»Pieps, pieps, pieps, pieps, pieps.«

Acht winzige, flaumige Entchen paddeln auf dem Weiher.

»Ach, sind die süß!«, ruft Paula.

»Aber wo ist die Mutter?« Leon sieht sich um.

HABT IHR ENTENKÜKEN EURE MUTTER VERLOREN?

NEIN, DA IST SIE JA!

Laut quakend kommt die Mutter angeschwommen.

»Die Wasservögel bauen ihre Nester meist ans Ufer
zwischen Schilf und Röhricht«, sagt Papa.
»Wenn die Jungen ausgeschlüpft sind,
können sie sofort schwimmen.«

»Die Stockentenmutter kümmert sich zwei Monate lang
um ihre Kinder. Dann hat sie ihnen alles beigebracht.
Sie können kopfüber mit dem Schwanz nach oben gründeln.
Sie können fliegen.
Sie wissen, was sie fressen dürfen: Pflanzenteile, Würmer,
Kaulquappen und sogar kleine Frösche.«

Wer tummelt sich noch im Wasser?

Die flinken Haubentaucher,

die Blesshühner mit
der weißen Stirn,

die Graugans …

… und der Höckerschwan.

Auch die Wasseramsel,
die sogar unter Wasser
spazieren gehen kann.

Wo leben Möwen überall?

Die Eismöwen und Polarmöwen leben am kalten Eismeer im hohen Norden.

Den Korallenmöwen gefällt es besser am warmen Mittelmeer.

Die Dünnschnabelmöwen leben an Flüssen und Seen.

Lacht die Lachmöwe wirklich?

Zum ersten Mal am Meer! Leon und Paula staunen über Strand und Wellen, über Muscheln und Steine.
»Krjääh, krjääh, krjääh!«
WER RUFT?
DIE LACHMÖWEN SIND UNTERWEGS.
Sie wiegen sich in der Luft und beobachten genau, was unter ihnen passiert.

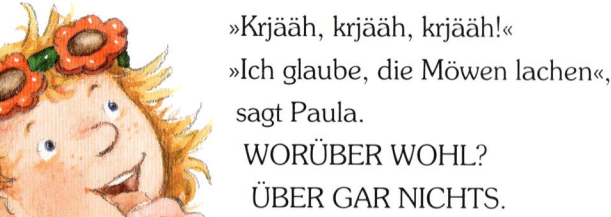

»Krjääh, krjääh, krjääh!«
»Ich glaube, die Möwen lachen«, sagt Paula.
WORÜBER WOHL?
ÜBER GAR NICHTS.
ES HÖRT SICH NUR SO AN!

»Es gibt verschiedene Möwen«, sagt Papa. »Viele sehen
sich ähnlich. Manche kann man nur durch ihre Rufe
unterscheiden. Schwimmen können Möwen sehr gut.
Sie haben Schwimmhäute an den Füßen.
Flink schnappen sie sich kleine Fische aus dem
Wasser und Insekten aus der Luft. Möwen geben
sich aber auch mit Abfällen zufrieden. Abends
geht es ab nach Hause in die Felsen.«

Mäuse,

Ratten,

Vögel,

kleine Kaninchen

und junge Igel.

Ein Falke am Himmel

Plötzlich fällt ein Schatten auf die Wiese,
auf der Leon, Paula, Papa und Mama Picknick machen.
Woher kommt der Schatten?
Hoch über ihnen in der Luft steht ein Raubvogel.
Ein Falke.
Er bewegt sich kaum.

Turmfalke

Dann fällt er wie ein Stein vom Himmel.
Nicht weit von ihnen entfernt.

WAS IST MIT DEM RAUBVOGEL LOS –
IST ER TOT?
NEIN, ER JAGT NUR!

Schon steigt er wieder auf –
mit einer Maus in den Krallen.

»Raubvögel wie Falke, Bussard oder Habicht
haben sehr gute Augen«, berichtet Mama.
»Auch aus großer Höhe entgeht ihnen nichts.
Wenn sie etwas zum Fressen erspäht haben,
lassen sie sich blitzschnell fallen.
Nur ihr Schatten verrät sie manchmal.
Dann wissen die kleinen Tiere:
Alarm! Sofort verstecken!«

Mäusebussard

Habicht

Rotmilan

Seeadler

Sperber

Turmfalke

59

Schlau wie die Rabenvögel

»Schack, schack, schack«, schreien die Elstern
im Garten.
Manchmal kommen sie
von den nahen Feldern herüber.

»Halt!«, ruft Paula. Zu spät!
Eine Elster hat Paulas Glitzerring von der
Decke geschnappt und ist damit weggeflogen.
WAS MACHT DIE ELSTER MIT DEM RING?
SIE VERSTECKT IHN.
Ganz schön frech, findet Paula.

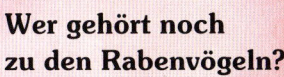

Der Eichelhäher,

»Ganz schön schlau sind die Rabenvögel aber auch«,
meint Mama. »Sie verwenden sogar *Werkzeuge*. Mit einem
Stöckchen angeln sie Käfer und Würmer aus tiefen Rinden-
spalten, in die sie mit dem Schnabel nicht hineinkämen.

die Dohle,

Rabenkrähen

die Saatkrähe,

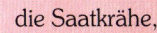

die Rabenkrähe,

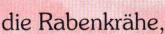

Die Rabenvögel fressen fast alles, darum hungern sie selten.
Sie verzehren Eidechsen, Frösche, Mäuse, Würmer,
Beeren und Getreidekörner.«
»Und ihnen ist nicht langweilig«, sagt Leon.
»Denn sie sind fast nie allein.«

der Kolkrabe.   61

Wer gehört noch zu den Drosselvögeln?

Die Sing-
drossel,

das Braunkehlchen,

das Rotkehlchen,

der Hausrotschwanz,

die
Amsel.

Sing ein Lied, kleine Nachtigall!

Abends, wenn alle Badegäste daheim sind
und es langsam dunkel wird, fangen
die Glühwürmchen zu leuchten an.
Dann ist es am See am allerschönsten.
Ob das auch die Nachtigall meint?
Hört, wie sie singt und trillert.
Wie eine Flöte klingt es. Erst leise, leise,
dann lauter, dann wieder leise.

SINGT DIE NACHTIGALL
NUR NACHTS SO WUNDERSCHÖN?
NEIN!
WIR HÖREN SIE MANCHMAL AUCH AM TAG.

»Die Nachtigallen«, sagt Papa, »gehören zu der
großen Familie der Drosseln, die alle schön singen.
Das Flöten der Nachtigallen aber ist etwas Besonderes.
Dabei sehen diese Vögel ganz unscheinbar aus:
Ihre Federn am Rücken sind braun und ihre Brust
ist bräunlich weiß. Deshalb kann man sie kaum entdecken.«

Was können Eulen?

Waldkauz

Sie fliegen lautlos.

Waldkauz

Sie können ihr Gesicht
auf den Rücken drehen.

Uhu

Sie verschlucken ihre
Beute – Mäuse, Vögel und
Insekten – mit Haut und
Haar.

Unverdauliches würgen
sie wieder heraus.

Das nennt man Gewölle.

Lautlos fliegt die Schleiereule

Abends unterwegs mit Papa! Das ist spannend.
Leon und Paula sind zu einer alten Burgruine gewandert.
Schon geht der Mond auf. Zeit umzukehren.
»Hört ihr das Waldkäuzchen schreien?«, fragt Papa.
»Huuuuuh hu kjwiit, kjwiit?«

Lautlos schwebt ein großer Vogel mit hellem Bauch
und Flügeln, die wie Schleier aussehen, über sie hinweg.
Kein Flügelschlagen ist zu hören. Nichts.

WAR DAS EIN KÄUZCHEN?
NEIN, EINE SCHLEIEREULE.

Auf dem Rückweg erklärt Papa, dass Eulen Nachtvögel sind.
Dazu gehören die verschiedensten Arten von Käuzchen
und der Uhu. Eulen hören jedes kleinste Geräusch
und sehen auch in der Dämmerung ganz ausgezeichnet.
Weil ihre Federn an den Enden weich und ausgefranst sind,
fliegen sie fast lautlos. So fangen sie ihre Beute.

HALLO, liebe Vogelfreundin, lieber Vogelfreund,

du hast nun schon viele verschiedene Vögel kennengelernt. Von einigen weißt du, wie sie ihre Nester bauen, ihre Jungen füttern und wie sie fliegen lernen. Es gäbe aber noch viel mehr über Vögel zu erzählen. Ein paar interessante Einzelheiten findest du auf den beiden Seiten hier:

Was sind Nesthocker und Nestflüchter?

Nesthocker nennt man junge Vögel, die im Nest bleiben, wenn sie geschlüpft sind und sich dort füttern lassen. Nesthocker sind vor allem Singvögel, aber auch Spechte, Tauben und viele mehr.

Nestflüchter sind junge Vögel, die sich von der ersten Stunde ihres Lebens an das Futter selbst suchen. Allerdings zeigen ihnen ihre Mütter, was sie fressen können und was nicht. Enten, Gänse und Hühnervögel sind zum Beispiel Nestflüchter.

Warum fliegen die Zugvögel fort?

Viele Vögel – vor allem diejenigen, die Insekten fressen – ziehen im Herbst in den Süden, weil sie bei uns in der kalten Jahreszeit zu wenig Nahrung finden. Stare, Drosseln, Schwalben und Mauersegler verlassen uns in großen Schwärmen. Andere Vögel – wie zum Beispiel der Kuckuck – fliegen allein.

Nicht alle Zugvögel fliegen in den Süden, manche auch weit in den Osten bis nach Indien, andere sogar in den Norden und da vor allem nach England. Damit sie nicht so lange übers Meer fliegen müssen, setzen sie sich auf Fährschiffe und lassen sich ans andere Ufer schippern. Ganz schön pfiffig!

Wie kannst du den Vögeln im Winter helfen?

Amseln, Meisen, Finken und Spechte, Elstern und andere Vögel
bleiben im Winter bei uns. Wenn noch kein Schnee gefallen ist,
finden sie meist noch etwas zu fressen. Zum Beispiel Insekten
auf oder unter der Erde oder zwischen Rindenstücken. Auch
Samen und Körner gibt es auf Wiesen und Äckern und Beeren
in den Hecken. Wenn es aber schneit, wird die Futtersuche
schwierig.

Dann hilft es den Vögeln, wenn wir ihnen Futter hinstellen.
In den meisten Läden gibt es gutes Vogelfutter zu kaufen.
Sonnenblumenkerne sollten immer dabei sein, weil die viel Öl
enthalten. Für die Meisen sind auch Meisenknödel oder
Meisenringe geeignet. Die Körner am besten in ein Vogelhäuschen streuen. Das sollte aber auf jeden Fall ein Dach
haben, damit das Futter nicht nass und schimmlig wird.

Auskunft über die heimischen Vögel gibt der
Landesbund für Vogelschutz,
Klenzestraße 37
80469 München
Telefon: 0 89-20 02 70-6

Dompfaff

Blaumeise

Meine kleine Vogelwelt

die Amsel

die Singdrossel

das Rotkehlchen

die Nachtigall

die Kohlmeise

der Buchfink

der Star

der Hausspatz

der Buntspecht

der Eichelhäher

die Elster

die Rabenkrähe

der Kuckuck

die Taube

der Mauersegler

die Lachmöwe

die Stockente

der Kiebitz

die Zwergrohrdommel

der Storch

der Turmfalke

der Mäusebussard

der Uhu

der Waldkauz

So leben die kleinen
Eichhörnchen

Der Frühling ist noch weit

Schnee, überall Schnee! Kein einziges Blättchen spitzt daraus hervor. Noch halten Igel, Maulwurf und Feldhamster ihren Winterschlaf.

HALLOOO! GIBT ES DENN HIER
IM WALD NUR SCHLAFMÜTZEN?

Oh, nein! Da flitzt etwas den Fichtenstamm hinunter und wieder hinauf. Schnell wie ein Blitz. Und jetzt ein Sprung von Zweig zu Zweig!

IST DAS EIN ROTER KOBOLD
MIT WEISSEM BAUCH?
NEIN, ES IST EIN EICHHÖRNCHEN!

Es verkriecht sich nicht den ganzen Winter über in seinem Nest, sondern legt nur immer wieder eine gemütliche Schlafpause ein. Die nennt man Winterruhe. Im Herbst ist dem Eichhörnchen ein dichtes Fell gewachsen. Auch Haarpinsel an den Ohren. Selbst die Pfoten sind im Winter behaart. So muss das Eichhörnchen nicht frieren.

73

Was schmeckt dem Eichhörnchen?

Walnüsse, Haselnüsse, Eicheln und Bucheckern knackt das Eichhörnchen mit Leichtigkeit! Es hat kräftige Zähne. Aber es frisst auch die Samen der Fichtenzapfen, Früchte und sogar Pilze. Auch Weinbergschnecken und Vogeleier sind ein Leckerbissen.

Walnüsse und Haselnüsse

Eicheln

Bucheckern

Weinbergschnecken

Samen

Pilze

Futter im Winterversteck

Wenn der Magen knurrt, gibt es nur eines: Futter suchen. Eilig klettert das Eichhörnchen den Stamm hinunter. Bei der großen Tanne fängt es zu graben an.

GIBT ES DENN JETZT ÜBERHAUPT ETWAS ZU FRESSEN?
NA KLAR! EIN PAAR NÜSSE ODER EICHELN AUF JEDEN FALL.

Nicht umsonst hat das Eichhörnchen im Herbst Vorräte vergraben. Aber wo genau? Jetzt heißt es schnüffeln und schnüffeln. Nüsse, Eicheln oder Pilze riecht das Eichhörnchen mit seiner feinen Nase sogar dann, wenn sie tief unter dem Schnee und unter der Erde liegen.

ETWAS GEFUNDEN?
JA! EIN PAAR EICHELN!

Schnell damit hinauf auf den Baum!
Dort ist das Eichhörnchen sicher vor hungrigen
Füchsen und umherschleichenden Katzen.

Was trinkt das Eichhörnchen?

Eichhörnchen brauchen viel zu trinken. Vor allem, wenn sie trockene Körner und Nüsse fressen. Wasser finden sie in Bächen, in Weihern, aber auch in Regenpfützen.

Im Winter sind sie mit Schnee zufrieden.

Der heimliche Gast

Im Winter ist die Futtersuche wirklich mühselig! Heute findet das Eichhörnchen nicht einmal eine einzige Eichel. Aber steht beim Bauernhof am Waldrand nicht ein Vogelhaus? Darin liegen doch immer Sonnenblumenkerne.

SOLL ES DA MAL VORBEISCHAUEN? VIELLEICHT GEBEN DIE VÖGEL IHM JA ETWAS AB.

Nur eine Amsel sitzt im
Vogelhaus. Jetzt fliegt sie davon.
Das Eichhörnchen huscht hinein. Es setzt sich
auf sein Hinterteil und legt den Schwanz an
den Rücken. So kann es die Kerne
mit seinen Greifzehen am besten packen.
Wie das schmeckt!

KOMMT DA NICHT JEMAND?
ZWEI KINDER! SCHNELL WEG!

Was kann das Eichhörnchen?

Es hat kräftige Greifzehen zum Klettern, aber auch zum Festhalten des Futters.

Es hat kräftige Zähne zum Nüsseknacken.

Es hat kräftige Beine zum Springen.

Es hat einen langen Schwanz. Damit kann es das Gleichgewicht halten, beim Springen steuern und bremsen. Auch wärmt er im Winter.

Es hat ein dichtes Fell, das es vor Kälte schützt.

Einmal Fellpflege, bitte!

Langsam wird es Frühling. Das Eichhörnchen streckt den Kopf aus seinem Nest. Alles ruhig! Eine gute Gelegenheit, sich zu putzen. Das ist nötig, damit sich kein Ungeziefer im Fell festsetzt.

Außerdem ist das Haarkleid ziemlich zerzaust. Aber wozu hat man Krallen! Damit kämmt sich das Eichhörnchen den roten Pelz und seinen wunderbar buschigen Schwanz. Wie schön es jetzt aussieht! Selbst der bunte Eichelhäher verblasst dagegen.

FERTIG MIT PUTZEN?

NICHT GANZ. JETZT KOMMT DIE ZAHNPFLEGE.

Die Zähne des Eichhörnchens wachsen unentwegt.
Zu lang dürfen sie nicht werden. Also muss das Tier
immer wieder ausgiebig an harten Baumrinden nagen.
Auch Nüsseknacken hilft. So wetzen sich die
Zähne ab.

Wer ist der Stärkere?

Was ist das für ein Lärm am frühen Morgen?
Zwei Eichhornmännchen verfolgen sich.
Die wilde Jagd geht den Stamm runter und rauf,
dann auf die Zweige. Wie Akrobaten springen die
Tiere von Ast zu Ast, immer hintereinander her.
Dabei stoßen sie ein lautes »Tschuk, Tschuk, Tschuk« aus.
Sehr freundlich klingt das nicht.

SPIELEN ODER STREITEN DIE BEIDEN?

SIE STREITEN UND KÄMPFEN
UM EIN WEIBCHEN!

Nur einer kann es haben. Und zwar der Stärkere.
Das schwächere Männchen wird vertrieben.
Dann darf sich der Sieger mit dem Weibchen paaren.
Aber nur, wenn auch sie will.

Wo lebt das Eichhörnchen?

Eichhörnchen leben in runden Nestern aus Ästchen und dünnen Zweigen. Das Nest heißt Kobel. Die Tiere bauen es ganz oben in die Baumkronen. Anders als bei den Vögeln ist der Eingang unten. Es wird mit Blättern, Moos und Gras weich ausgepolstert.

Aber auch Baumhöhlen oder leere Dachböden wählt das Eichhörnchen gern als Wohnung.

ZIEHEN DIE BEIDEN DANN ZUSAMMEN
INS NEST? NEIN!
Das Weibchen möchte wieder allein sein.
Darum jagt sie das Männchen bald davon.

Ausgetrickst!

Schon bevor die Jungen geboren werden,
hat Mama Eichhorn viel zu tun.
Zusätzlich zu ihrem Kobel, in dem sie haust,
baut sie noch andere rundliche Nester und polstert
sie gut aus. Vorsicht ist wichtig! Bei Gefahr kann sie
ihre Jungen in einer anderen Unterkunft verstecken.

GIBT ES DENN FEINDE?
JA, EIN PAAR.

Der gefährlichste Feind ist der Baummarder.
Der klettert ebenso flink wie das Eichhörnchen.
Und das auch noch nachts! Zum Glück wagt sich
der Baummarder nicht auf dünne Zweige. Dazu ist
er zu schwer. Meterweit durch die Luft zu springen
wie das Eichhörnchen, schafft er auch nicht.
So hat der Baummarder oft das Nachsehen.

Vor wem muss sich das Eichhörnchen hüten?

Auch diese Tiere haben es auf junge Eichhörnchen abgesehen:

der Habicht,

die Eule

und die Katze.

Neu auf der Welt

Fünf Wochen nach der Paarung kommen vier Junge zur Welt.
Die Kleinen sind winzig, sie wiegen gerade mal fünf Gramm,
nicht mehr als ein Radiergummi.
Sie hören noch nicht und sehen noch nicht. Und sie sind noch haarlos.
Da heißt es wärmen, wärmen, wärmen.
Gut, dass die Mutter ein dickes, kuschelweiches Fell trägt.
Und gut, dass sie genug Milch hat. Acht Wochen lang
werden die Jungen gesäugt.

REICHT DAS DEN KLEINEN AUCH WIRKLICH?
JA, VORERST KÖNNEN SIE TATSÄCHLICH NUR MILCH TRINKEN.

Auch die Körperpflege ist wichtig. Täglich werden die Jungen
von ihrer Mutter von oben bis unten abgeleckt.
Nach zwei Wochen wächst schon der erste feine Flaum.

Mama passt immer auf

Vier Wochen sind die jungen Eichhörnchen jetzt alt.
Sie haben schon ein dichtes Fell. Und sie öffnen die Augen
und betrachten neugierig ihre Welt.
Hören können sie auch schon.
Und die Zähne wachsen.

DÜRFEN DIE JUNGEN DAS NEST
SCHON VERLASSEN?
NEIN. DAS DAUERT NOCH VIER WOCHEN.

Mama Eichhorn passt gut auf ihre Kinder auf.
Denn Gefahren lauern überall. Das weiß die Mutter.

War da nicht eben ein
kratzendes Geräusch
vor dem Nest?

Wer klettert den Baumstamm hinauf?
Doch hoffentlich keine Wildkatze?

Nein – es ist nur ein Grünspecht,
der sein Futter sucht.
Glück gehabt!

Wer lebt denn noch im Baum?

Das sind die verschiedensten Vögel:

der Specht,

die Meise,

der Eichelhäher,

die Drossel.

Aber auch Haselmäuse.

Komm spielen, Eichhörnchen!

Endlich können die Jungen das Nest verlassen. Spielen und Herumtollen, Fangen und Verstecken – so verbringen die Kleinen den Tag am liebsten.

Aber die jungen Eichhörnchen müssen auch lernen: was sie fressen dürfen, wo sie Futter und Wasser finden und wie sie ihren Feinden entkommen. Nähert sich ein Raubvogel, so ist es am besten, ganz schnell im Kreis um den Baumstamm herumzurennen. Aber jetzt ist ja Mama da!

HOPPLA, IST EIN JUNGES
VERLOREN GEGANGEN?
OJE, WO IST ES?

Die Mutter ruft.
Endlich antwortet das Junge
mit ängstlichem Quieken.
Unter der großen Buche hockt es.
Dort haust das Käuzchen.
Das wartet nur auf ein
leckeres Abendessen.
Wie der Blitz saust die Mutter los,
packt ihr Kind am Genick und –
zack, geht es heim ins Nest.
Gerettet!

Endlich groß!

Wie schnell die kleinen Eichhörnchen groß geworden sind!
Vor ein paar Wochen hatten sie noch kein Fell.
Und jetzt sind sie erwachsen und wollen ihr eigenes Nest bauen.
Also machen sie sich auf die Suche nach einem geeigneten Platz.

GIBT ES DEN ÜBERHAUPT?
BESTIMMT.

Nun ist keine Mutter mehr da, die warnt, wenn Feinde kommen.
Und niemand macht die Jungen aufmerksam, wenn sie an den
schönsten Leckerbissen vorbeispringen. Jetzt heißt es, Augen und
Ohren aufsperren! Und vorsichtig sein!

SCHAFFEN DAS DIE JUNGEN?
JA, SIE KOMMEN GUT ZURECHT.

Wenn sie gut auf sich aufpassen,
können Eichhörnchen zehn Jahre alt werden.

Einfach entwischt!

Im Frühsommer wird Mama Eichhorn noch einmal
Junge bekommen. Jetzt aber hat sie Zeit für sich.
Sie mag die schönen Tannenzapfen. Mit einer Pfote hält sie
einen Zapfen, mit der anderen holt sie die leckeren Samen heraus.
Endlich satt! Zeit, ins Nest zu gehen.
Langsam wird es dunkel.

FUNKELN DA NICHT AUGEN ZWISCHEN DEN BLÄTTERN?
EIN BAUMMARDER IST UNTERWEGS!

Schon setzt er zum Sprung an. Nur weg hier!
Das Eichhörnchen klettert flink bis zum Wipfel des Baumes
und dort zum äußersten dünnen Zweig.
Dann springt es los.
Mit dem Schwanz wird gesteuert. Bei der Landung
bremst das Eichhörnchen damit wie mit einem Fallschirm.
Das beherrscht der Baummarder nicht!
Er muss den Stamm hinunterklettern. Bis er den Boden erreicht,
ist das Eichhörnchen längst über alle Berge.

HAT SICH DAS EICHHÖRNCHEN WEHGETAN?
NEIN, ES IST GUT UNTEN ANGEKOMMEN.

Was vergräbt das Eichhörnchen?

Nüsse

Samen

Und sogar Pilze, die es vorher oben im Baum getrocknet hat.

Der Herbst ist da

Mitten im Sommer hat auch der zweite Wurf
junger Eichhörnchen das Nest verlassen.
Drei Junge waren es diesmal.
Die Zeit bis zum Winter muss gut genutzt werden.
Zuerst heißt es futtern. Je runder, desto besser!
Aber das Eichhörnchen verlässt sich nicht nur
auf eine dicke Speckschicht.
Es sammelt Essbares für den Winter.
Auch Feldhamster und Mäuse legen sich Vorräte zu.

OB DAS EICHHÖRNCHEN IM WINTER
ALLE SEINE VERSTECKE WIEDERFINDET?
NICHT ALLE, ABER DOCH VIELE.

Vorräte zu verstecken, ist gar nicht so einfach.
Zuerst muss ein Loch gegraben werden.
Da hinein kommt dann eine Eichel oder eine Nuss.
Die wird mit der Pfote festgedrückt,
anschließend häufelt das Eichhörnchen Erde darüber.
Wäre doch ärgerlich, wenn Mäuse, Hamster
oder Maulwürfe die Vorräte wegschleppen würden.

Ein Schlafplatz für den Winter

Der erste Schnee fällt. Mama Eichhorn hat sich
in ihr Nest zurückgezogen. Sie kann es jetzt ganz gut
eine Zeit lang ohne Futter aushalten.

UND IHRE JUNGEN?
HABEN DIE ALLE EINEN PLATZ GEFUNDEN?

Eines hat sich in der Tanne
beim Bauernhof ein Nest gebaut.
Ganz schön schlau ist das. Denn gleich daneben
steht das Vogelhäuschen! Und dort gibt es
genügend Futter.

Die anderen Jungen leben im Wald
hoch oben auf den Bäumen.
Nur wenn sie Vorräte ausgraben,
hüpfen sie auf dem Waldboden entlang.

Die meiste Zeit des Winters verbringen die
Eichhörnchen in ihren geschützten Nestern.
Nur manchmal siehst du im Schnee ihre
feinen Spuren.

**Welche Waldtiere
sind nicht gefährlich
für das
Eichhörnchen?**

Hasen,

Rehe und Hirsche,

kleinere Vögel.

Hallo, liebe Eichhörnchenfreundin,
lieber Eichhörnchenfreund,

bestimmt hast du den kleinen roten Kobold schon fest in dein Herz geschlossen.
Übrigens gibt es nicht nur rote Eichhörnchen, sondern auch braune und schwarze.
Inzwischen weißt du auch, was das Eichhörnchen frisst und wie es das Jahr
verbringt, wie es seine Jungen großzieht und wie die Jungen dann selbstständig
werden. Aber es gibt doch noch einiges, das du wissen solltest:

Wie groß ist ein Eichhörnchen?

Es misst von der Schnauze bis zur
Schwanzspitze ungefähr vierzig Zentimeter.
Hol dir ein Lineal, und lass dir zeigen,
wie lang das ist.

Wie schwer ist ein Eichhörnchen?

Obwohl es doch ziemlich groß ist, wiegt es nur zweihundert, höchstens
vierhundert Gramm. Es ist nicht einmal so schwer wie ein Glas Marmelade.
Wenn es schwerer wäre, könnte es nicht so gut springen.

Warum hat das Eichhörnchen einen so langen Schwanz?

Damit hält es vor allem beim Springen das Gleichgewicht. Dass das
Eichhörnchen den Schwanz beim Springen wie einen Fallschirm verwendet
und er auch im Winter gut wärmt, weißt du ja schon.

**Wie schafft es ein Eichhörnchen, hundert Tannenzapfen
am Tag auszuräumen und die Samen zu futtern?**

Ein Eichhörnchen hat richtige Greifzehen, mit denen es seine Nahrung
festhält – fast wie ein Mensch. So geht das Futtern ganz schön schnell.

Wie weit kann ein Eichhörnchen springen?

Das Eichhörnchen hat kräftige Hinterbeine.

Mit jedem Satz legt es einen halben Meter zurück.

Wenn es von Zweig zu Zweig springt, schafft es sogar drei Meter!

Mit den starken Krallen klammert es sich so gut fest,

dass es auch mit dem Kopf nach unten

klettern kann.

Und zum Schluss noch etwas ganz Wichtiges:

Das Eichhörnchen ist der reinste Gärtner für unsere Wälder. Weil es viele Samen und Nüsse vergräbt, aber längst nicht alle wiederfindet, wachsen daraus Bäume. Denn nur Samen unter der Erde können keimen. Viele Bäume, die du im Wald siehst, wurden also von Eichhörnchen „gepflanzt".

Friederun Reichenstetter / Hans-Günther Döring

Wie kleine Feldhasen und Kaninchen groß werden
Eine Geschichte mit vielen Sachinformationen

Wer hoppelt da über die Wiese und verschwindet eilig in seinem Bau? Es ist das Wildka-
ninchen, das zu seiner Sippe will. Nebenan versteckt sich der Feldhase in einer Erdmulde.
Beide freuen sich über den nahenden Frühling, wenn Kräuter, Knospen und Gräser als
Futter wachsen und sie Junge erwarten. Kindgerecht und liebevoll erzählen Bilder und
Texte, wie unterschiedlich das gesellige Wildkaninchen und der einzelgängerische Feldhase
den Jahreslauf auf unseren Wiesen und Äckern verbringen.

Arena

Mit Audio-CD

40 Seiten • Gebunden
ISBN 978-3-401-71089-1
www.arena-verlag.de

Friederun Reichenstetter / Hans-Günther Döring

Wohin fliegst du, kleine Fledermaus?
Eine Geschichte mit vielen Sachinformationen

Wer flattert da in der Dämmerung aus der Dachluke der alten Kirche? Es ist die kleine Fledermaus, die heute ihren ersten Flug wagt. Doch wie fängt man einen Nachtfalter? Wie erkennt man einen Feind? Und wie kann sie sich überhaupt in der Dunkelheit zurechtfinden? Mit liebevollem Blick begleitet die Autorin eine Mausohrfledermaus im Jahreslauf. Sie erklärt das einzigartige Echoortungssystem dieser Tiere und ihren Körperbau, der sie zu großartigen Flugkünstlern macht. Im Anhang werden weitere Fledermausarten und Fledertiere vorgestellt, sowie andere Tiere, die sich mit Ultraschall orientieren.

Arena

Mit Audio-CD

40 Seiten • Gebunden
ISBN 978-3-401-70825-6
www.arena-verlag.de

Andreas H. Schmachtl

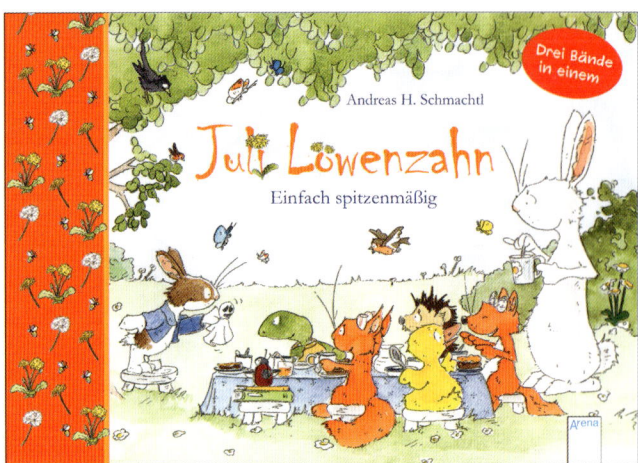

Juli Löwenzahn
Einfach spitzenmäßig

Bei den Löwenzahns ist immer etwas los. Dafür sorgt Juli! Der kleine Kaninchenjunge hat nämlich ziemlich oft gute Ideen – egal, ob er allen helfen will oder eine Gespensterfalle für seine Freunde baut. Und schon steckt er mit beiden Löffeln in einem Abenteuer, beinahe zu jeder Tageszeit.

Der Sammelband enthält die Einzeltitel: »Schatzsuche im Möhrenbeet«, »Juli und die großartige Gespensterfalle« und »Von morgens bis abends Abenteuer. Ein Uhrenbuch«.

88 Seiten
Arena-Taschenbuch
ISBN 978-3-401-50777-4
www.arena-verlag.de